47

CHRONIQUE DOUAISIENNE

De l'année 1860.

23 Janvier. — Dans sa séance du 23 Janvier, le conseil municipal vote la subvention de 45,000 francs, pour la construction d'un petit lycée dans notre ville.

18 Février. — M. Boileau est nommé sous-directeur d'artillerie, à Douai.

21 Février. — Un commencement d'incendie se déclare dans un bateau, au Pont-du-Rivage. Les secours, portés à temps, ont éloigné immédiatement tout danger.

28 Février. — Un ouragan terrible éclate sur notre ville pendant toute la journée. Les rues sont jonchées de débris de toitures, enlevés par la violence du vent. Des piquets qui soutenaient les fils du télégraphe électrique sont renversés, et les communications interrompues.

6 Avril. — La commission des fêtes historiques se réunit à la Mairie pour l'organisation d'une grande fête historique en 1861. Le sujet proposé est l'entrée à Douai du comte de Lallaing.

28 Avril. — Un accident, qui aurait pu avoir des suites funestes, arrive ce jour, vers trois heures de l'après-midi, dans la grande salle de l'Hôtel-de-Ville. Un échafaudage, d'une hauteur de 5 à 6 mètres, sur lequel plusieurs ouvriers étaient montés pour des réparations à faire aux moulures du plafond d'une des salles de l'Hôtel-de-Ville, s'écroule et entraîne dans sa chute les malheureux ouvriers qui, heureusement, en sont quittes pour quelques légères blessures.

7 Mai. — La Société de Bienfaisance, réunie en assemblée générale pour arrêter le titre de la fête historique de 1861, décide, à l'unanimité, qu'un programme sera mis à l'étude à partir de ce jour ; ce programme est ainsi conçu : « *Fêtes et réjouissances à Douai, en 1405, lors de l'entrée de* JEAN-SANS-PEUR *et de la duchesse* MARGUERITE DE BAVIÈRE, *accompagnés du comte de* CHAROLAIS, *leur fils, et de plusieurs seigneurs et nobles dames.* »

25 Mai. — Par un décret en date de ce jour, la ville de Douai est autorisée à établir et à exploiter, conformément aux lois du 28 Mai 1858, et au décret du 12 Mars 1859 :
1° Un magasin général pour les marchandises nationales ou nationalisées ;
2° Une salle de ventes publiques, dans le local affecté par l'administration municipale à la tenue du marché au sucre.

1ᵉʳ Juin. — Il paraît, à Douai, le premier numéro d'un journal ayant pour titre *le Bibliophile du nord de la France*. Cette publication littéraire est destinée à recueillir tous les anciens documents épars, relatifs à la bibliographie du nord de la France ; elle est suivie d'un catalogue de différents ouvrages du pays A paraître douze fois pour une année.

13 Juin. — Rentrée à Douai de la 12ᵉ batterie du 13ᵉ d'artillerie, revenant d'Italie. L'état-major du 13ᵉ, le colonel en tête, les officiers, sous-officiers et la musique du régiment, se rendent au devant de leurs glorieux compagnons. Une foule considérable et sympathique de nos concitoyens s'était portée à leur rencontre.

17 Juin. — Un *Te Deum* est chanté dans l'église St-Pierre, en l'honneur de l'annexion à la France du comté de Nice et de la Savoie. Le soir, les édifices publics sont illuminés, et la population circule dans les rues, vive et animée, comme en un jour de fête.

10 Juillet. — La musique de la garde de Paris, qui doit donner un concert au Jardin-des-Plantes, le mercredi 11 Juillet, fait son entrée à Douai, à trois heures après-midi, et est reçue par une députation de la Société philharmonique, qui lui offre les vins d'honneur. Cette musique se fait aussi entendre le jeudi suivant, à l'église St-Pierre, dans une messe qui est célébrée à 11 h.

23 Juillet — Un incendie considérable se déclare, vers huit heures du soir, au magasin aux fourrages, située entre la Scarpe et la caserne Saint-Sulpice. En peu de temps, la flamme enveloppe et détruit tous les hangars, remplis d'immenses provisions de paille et de foin. Vers neuf heures, l'incendie était dans sa plus grande intensité. Un spectacle épouvantable et vraiment grandiose s'offrait au yeux de la population qui couvrait l'Esplanade, les quais et les remparts. La flamme, qui s'élevait à une hauteur prodigieuse, était aperçue à une distance très-éloignée. Les secours, arrivés de tous les points, eurent bientôt raison du feu, auquel on fit la part qui, malheureusement, n'était déjà que trop considérable. La perte est évaluée à plus de 100,000 fr.

6 Août. — M. Choque, député au Corps législatif, est nommé maire de notre ville, en remplacement de M. Maurice, dont la démission est acceptée.
Par le même décret, M. Asselin est nommé adjoint, en remplacement de M. Pinquet.

14 Août. — La cérémonie d'installation de MM. Choque et Asselin, comme maire et adjoint, a lieu à deux heures après-midi. La séance est présidée par M. le sous-préfet de Douai.

9 Septembre. — Une représentation au bénéfice des chrétiens de la Syrie, est donnée sur notre théâtre, par le 10ᵉ bataillon de chasseurs à pied, en garnison à Douai.

13 Septembre. — M. de Maingoval accepte les fonctions de capitaine de musique, qui lui sont offertes par les musiciens, avec l'assentiment de M. le Maire.

14 Septembre. — Mort de M. Boutique (Auguste-Joseph), ancien soldat de l'Empire, chevalier de la Légion-d'Honneur, et adjudant-major dans l'ex-garde nationale.

18 Septembre. — M. Huerne, général de brigade, est désigné pour commander l'artillerie de la 3ᵉ division, à Douai.

26 Septembre. — Un arrêté de M. le Maire oblige , à dater de ce jour, les personnes qui voudraient exercer la profession d'afficheur, à en faire la demande à la Mairie, afin d'en obtenir l'autorisation.

1er Octobre. — A dater de ce jour , le magasin général pour toute espèce de marchandises, créé à Douai, par décret impérial, le 19 Mai précédent, est mis à la disposition du commerce et de l'industrie.

10 Octobre. — Après bien des vicissitudes , la réouverture du théâtre est enfin annoncée Une subvention de 7,000 francs est accordée à M. Guillemet, pour fournir une troupe d'opéra.

26 Octobre. — Par arrêté de M. le Maire en date de ce jour, M. Estabel-Luce est nommé bibliothécaire de la ville, en remplacement de M. Duthillœul, démissionnaire.

Par le même arrêté, l'abbé Dehaisne est nommé bibliothécaire-adjoint. — MM. Honoré et Montée sont nommés membres de la commission de la bibliothèque.

23 Novembre. — Mort de M. Potiez (Valéry), membre de la commission du Musée, de la Société centrale d'Agriculture , Sciences et Arts de Douai, M. Potiez était spécialement chargé de la classification des oiseaux et était président de la section d'histoire naturelle.

1er Décembre. — Arrêté de M. le Maire de Douai, qui règle la profession de commissionnaire public.

En voici les principales dispositions :

Art. 1. Nul ne pourra exercer sur la voie publique de la ville de Douai, la profession de guide ou commissionnaire, sans y avoir été formellement autorisé par le Maire.

Art. 2. Chacun des commissionnaires autorisés portera ostensiblement et constamment une médaille en cuivre, qui lui sera délivrée à ses frais au bureau de police.

Art. 7. Tout commissionnaire stationné et requis de prêter ses services, ne peut les refuser ou retarder sous aucun prétexte, et ne peut rien exiger ou demander directement ou indirectement au-delà du tarif ci-après fixé; il ne peut d'ailleurs quitter la station qui lui a été attribuée, si ne n'est pour l'exercice de son état ou par nécessité reconnue ; il lui est défendu de suivre avec importunité les passants ou voyageurs; il est tenu d'aller chercher les commissions à domicile, pourvu que sa station soit la plus rapprochée du point où il est appelé.

Art. 9. Il est alloué aux commissionnaires, retour compris :

A l'intérieur de la ville.

Pour une course ou pour le port d'un objet d'un poids inférieur à 1 kilog., 30 cent. le jour, et après le coucher du soleil, 40 cent.

Pour le port d'un objet d'un poids supérieur à 1 kilogramme, 15 centimes en sus d'un à 10 kilogrammes, et 30 centimes de 10 à 20 kilogrammes.

Hors de l'enceinte des remparts.

Pour une course ou le port d'un objet pesant moins d'un kilogramme, 1 fr. le jour et 1 fr. 25 cent. entre le coucher du soleil et la fermeture des portes.

Pour le port d'un objet pesant plus d'un kilogramme, 25 cent. en sus d'un à 10 kilogrammes, et 50 centimes de 10 à 20 kilogrammes.

Il ne sera dû pour le retour avec charge, que le tiers de ce qui serait alloué pour commission principale.

Le maximum obligatoire du poids est fixé à 20 kilogrammes.

Au-delà de ce maximum et de 3 kilomètres de la ville, le service sera facultatif et rétribué à prix convenu; toutefois, le Service et le Tarif seront obligatoires dans tout le territoire de la commune, à quelque distance que ce soit.

Lorsque le commissionnaire sera pris à l'heure pour guider et accompagner à l'intérieur de la ville avec charge ou maximum de 10 kilogrammes, il lui sera dû 50 centimes par heure, sans que sa rétribution puisse exéder 1 fr. 50 c. par demi-jour, et 3 fr. par journée.

Art. 10. Tout commissionnaire en contravention à aucune des dispositions qui précèdent ou trouvé en état d'ivresse, ou qui serait condamné, même en simple police, ou qui aurait manqué soit à la plus exacte probité, soit d'égards envers les personnes qui l'auraient employé, sera, sur le rapport du commissaire central de police, temporairement suspendu ou définitivement privé de son emploi et de sa permission, par décision de l'autorité municipale, sans préjudice à toute poursuite en justice, conformément à la loi et à la diligence de MM. les commissaires de police.

Art. 11. Le présent arrêté sera et restera affiché partout où besoin sera, et notamment à chacune des stations de commissionnaire.

Art. 12. Il sera exécutoire à compter du 1er décembre prochain.

4 Décembre. — Le 13ᵉ régiment d'artillerie fait célébrer, en l'église S-Pierre, une messe en musique en l'honneur de Sainte-Barbe. Comme les années précédentes, l'église était décorée par les soins de MM. les artilleurs, et une foule immense se pressait toute la journée dans l'église pour jouir du coup-d'œil qu'offrait les trophées d'armes, disposés pour cette solennité.

6 Décembre. — Un magnifique tableau, donné à la ville par S. M. l'Empereur, est reçu à notre Musée. Le sujet représente *la Charité*; il comprend cinq personnages, une femme et quatre enfants. Ce tableau est de M. Léopold de Moulignon.

10 Décembre. — Le corps des Sapeurs-Pompiers de notre ville fait célébrer une messe en l'honneur de Sainte-Barbe. La plupart des autorités civiles et militaires y assistaient, on y remarquait entre autres, M. le Maire, M. le Sous-Préfet, MM. les adjoints et plusieurs conseillers municipaux, M. le commandant de place et MM. les chefs des différents corps de la garnison.

La musique de la ville, qui prêtait son concours à cette cérémonie, a joué deux ouvertures, dont l'exécution n'a rien laissé à désirer.

Après la messe, M. le Maire a passé la revue du bataillon sur la place d'Armes, et a félicité M. le commandant Dubrulle sur la bonne tenue de tous les hommes du bataillon, à qui il a vivement exprimé sa satisfaction. A cette occasion, plusieurs primes ont été décernées aux sapeurs-pompiers qui s'étaient le plus distingués aux incendies, et pour la manière exemplaire dont ils font le service.

— Le même jour, les sous-officiers de ce corps offrent à leur adjudant M. Thumerelle, une médaille, en témoignage de la vive sympathie qu'ils éprouvent pour cet officier, qui s'en était bien rendu digne par sa bienveillance dans le service et par son dévouement dans les incendies. Cette médaille porte d'un côté cette inscription : Douai. *Bataillon des Sapeurs-Pompiers. — Les sous-officiers à leur adjudant,* A. Thumerelle. 1860. Sur l'autre côté sont nscrits les noms des sous-officiers.

Cet honneur était du reste une juste récompense des services rendus par M. Thumerelle, dans certaines circonstances, et pour ainsi dire une approbation des récompenses qui lui avaient été déjà décernées par le Gouvernement de S. M. l'Empereur.

12 Décembre. — Mort de M. Bommart (Anacharsis), décédé à la suite d'une longue et douloureuse maladie

Membre du conseil municipal, il était toujours prêt à rendre service, aussi était-il un des hommes influents de notre cité. M. Bommart, qui avait rempli aussi plusieurs fois les fonctions de Sous-Préfet, était en même temps membre du conseil d'arrondissement, administrateur du bureau de bienfaisance et de la caisse d'épargne, membre de la chambre de commerce de Lille, membre de la société d'agriculture et secrétaire de la société de secours mutuels.

Les funérailles ont eu lieu le 14.

Un public nombreux, composé de toutes les classes de notre population, accompagnait, silencieux et recueilli, la dépouille mortelle de cet homme de bien, dont la vie fut si noblement remplie.

Les coins du poêle étaient tenus par MM Maurice, ancien maire, Lequien, De Guerne et Petit, conseillers municipaux ; le deuil porté par M. Bommart, fils du défunt, suivi des membres distingués de cette honorable famille, dont notre cité a le droit d'être si justement fière.

Au moment de se séparer de ces restes inanimés, M. le maire a prononcé une allocution touchante, dans laquelle il a rappelé tous les mérites, toutes les qualités de cœur, tous les services administratifs de M. Bommart, Anacharsis, dont le dévouement n'a jamais fait défaut à la chose publique, et dont l'existence, si nous pouvons nous exprimer ainsi, fut un acte non interrompu d'abnégation, d'humanité et de bienfaisance.

Le corps de musique d'harmonie, dont il fut le capitaine, et la section chorale de la société philharmonique, dont il fut le président, ont exécuté, tour à tour, des morceaux appropriés à cette triste cérémonie. C'était le chant d'adieu suprême adressé à l'âme artistique de cet aimable protecteur des beaux-arts.

DOUAI NOUVEAU.

Est-ce bien toi ? — Quelle métamorphose !
O ma cité, qui te reconnaîtrait ?...
Si j'avais foi dans la métempsycose,
Je croirais voir Athène qui renaît :
La noble Athène à l aspect fantastique,
Avec l'éclat de ses nombreux palais,
Athène, enfin, la Reine de l'Attique, —
Telle on la vit du temps de Périclès !

Vingt ans à peine ont effeuillé ma tête
Depuis le jour où je quittai mon *trou.*
Il m'en souvient : une poussive bête
Tirant la langue — et fort peu mon coucou, —
Me cahotait sur un pavé vulgaire.
Mais au retour, — j'en suis tout ahuri, —
Si tôt j'arrive en cet EMBARCADÈRE,
Qu'en ouvrant l'œil — j'ouvre la bouche aussi.

Dieu ! quel progrès !.. Depuis vingt ans d'absence,
Tout s'est changé sous de féeriques mains ;
Tenez, voici ma maison de naissance :
Bien différents ont été nos destins.
Elle a grandi d'un magnifique étage,
Moi, j'ai gardé la taille que j'avais ;
De sa façade on a retranché l'âge,
Le mien, hélas ! est gravé sur mes traits.

A voir partout rayonner la jeunesse,
Ces beaux pavés luisants comme un miroir,
Ces magasins qui troquent leur vieillesse
Contre un minois de riche et gai boudoir.
Je crois vraiment que les eaux de Jouvence,
Prenant le lit de la Scarpe aux flots bleus,
Ont déversé le lustre de l'enfance
Sur cette ville où l'on sentait le vieux.

Admirez donc ces boutiques si riches
Où le soleil, en conquérant joyeux,
S'est introduit par les glaces d'Aniches,
Et jette à flots la gaîté de ses feux.
Puis tout autour passe, court et repasse
Fille mutine au corset d'écureuil :
Si sur sa chaise on la voit prendre place,
C'est pour jouer de l'aiguille — et de l'œil.

Et quand la nuit étend ses voiles sombres,
On ne voit plus, comme au temps des lampions,
Se promener d'épouvantables ombres
Sous la lanterne aux pâles lumignons.
Vive le GAZ ! dont le rayon éclaire
Nos promeneurs du boulevard BELLAIN
Et nos trottoirs, en belle et large pierre,
Qui font glisser maint mignon brodequin.
Car bien souvent, quand sonne la retraite,
Vous entendez fillettes, chaque soir,
Mollets au vent et frou-frou de lorette,
Disant : « Ici l'on *fait* bien le trottoir. »

PLACE SAINT-JACQUES, où régnait tant de vide ,
Quelle baguette a tiré de tes flancs
Ces beaux jardins dignes d'Eve ou d'Armide,
Ces marronniers et ces peupliers blancs ?...

Mais écoutez ! Séraphique harmonie
Qui jettes l'âme en d'amoureux émois,
Viens-tu des cieux ? — Non...., c'est l'artillerie
Jouant gaîment sur le KIOSQUE chinois.
A cette voix, de toutes parts débouche
Nombreux essaim de dames de haut ton,
Que nos gandins suivent, cigare en bouche,
Et fredonnant les phrases du piston.
Un homme est là qui, la mine tout aise,
Pressé d'offrir un champêtre divan,
Dit en touchant les deux sous de sa chaise :
« *Saint-Jacques* fait l'affaire de *Saint-Jean.* »

Mais à deux pas, sur cette même place,
Quel est ce toit qui se tient à l'écart ?
Il s'en exhale un parfum — de mélasse,
Plus enivrant que la myrrhe ou le nard.

C'est l'ENTREPÔT — palais d'une industrie
Qui fait l'orgueil, la richesse du Nord! —
De tout danger, dieu de l'Epicerie,
Préserves-en le succulent trésor.

Plus loin s'élève — ainsi qu'une arche sainte
Où vont dormir les souvenirs passés —
Le monument qui mêle en son enceinte
Dons des vivants et dons des trépassés.
C'est le MUSÉE, universel repaire
Où près des Arts loge l'Antiquité ;
L'Anatomie en est un locataire,
Et les Bouquins ont l'hospitalité.
Depuis longtemps il manquait de la place
Dans cet hôtel où la foule abondait :
La gent ailée implorait de l'espace,
Et le squelette à peine y respirait.
Bra vainement y cherchait à s'étendre,
On ne savait où monter l'*Escalier*,
Et les tableaux de rage allaient se pendre
Dans tous les coins — risque à s'asphyxier.

GAYANT lui-même et sa noble famille
De pied en cap se sont fait rhabiller :
Il était temps, car leur pauvre guenille
Cachait fort mal leur nudité — d'osier.
En vous voyant cette mine gaillarde,
Héros chéris de nos jours enfantins.
Chacun de nous vous crie : Ah ! Dieu vous garde —
De toute pluie, illustres mannequins !
Que le soleil épargne ses gerçures
A votre peau — de plâtre enluminé !
Et de l'ondée évitez les souillures
Qui terniraient un calicot sacré.

Et toi, *Fortune*, à qui l'on badigeonne
Un bandeau neuf, un char, un canesou,
Comme un avare use ce qu'on te donne,
Toi dont le sac n'a même pas un sou.
Noir *avocat*, ne mange pas la poule
Qu'à ton client l'on prête pour trois jours ;
Et toi, *Catin*, qui provoque la foule
A faire achat de tes viles amours,

DOUAI NOUVEAU.

Avant d'offrir tes voluptés faciles,
Ote un jupon qui ne t'appartient pas.
Vous tous enfin qu'ont vêtus nos édiles,
Tâchez de l'être — au moins jusqu'au trépas.

Pourquoi des pleurs roulent-ils leur tristesse
Dans ces deux yeux que je croyais à sec ?...
Là ! je revois les lieux où ma jeunesse
Mangeait son pain assaisonné de grec !
Mon vieux COLLÉGE, où donc est ta figure
Si noire alors et qui me faisait peur ?
En franchissant ta grande porte obscure,
J'ai bien des fois senti battre mon cœur !
Ta mine alors était froide et sévère,
Tes murs vieillis se crevassaient partout,
La classe avait quelque chose d'austère,
Tes bancs de chêne étaient bien durs surtout !
Et maintenant ta physionomie
Gaie et coquette offre tant d'agréments,
Qu'en tel asile on passerait sa vie
Avec plaisir : — n'est-ce pas, jeunes gens ?

Ce fier BEFFROI que sillonnaient les rides
A pour jamais reculé son trépas ·
Quand on croyait sa place aux Invalides,
Le vieux manchot s'est fait poser un bras.
Jetant au loin sa morne souquenille,
Il a repris ses habits des beaux jours :
Autour de lui la vie éclate et brille,
Ce n'est partout que somptueux atours.
Son gros lion — dont la queue en trompette
S'agite d'aise à cet aspect charmant —
Sous une patte écrase l'étiquette
Et fait d'une autre un pied-de-nez au vent.
Jetant sur tout un regard platonique,
De ses hauteurs il contemple festons,
Rinceaux, acanthe, astragales, attique,
Niches, corniche et légers clochetons.

Mais de ce coin où croulaient tout-à-l'heure
Les murs hideux d'un *Mont-de-Piété,*
Quel bras a fait surgir cette demeure,
Brillant palais de l'UNIVERSITÉ.

DOUAI NOUVEAU.

Comme jadis, une foule foisonne
Aux lieux où l'or se prêtait à grands frais ;
Mais aujourd'hui c'est à l'esprit qu'on donne —
Sans pour cela nous g.ever d'intérêts.

En quelqu'endroit que mon regard s'arrête,
Je vois la vie où régnait le sommeil,
Car le Progrès, dans sa soif de conquête,
S'en va criant : « Douai, c'est ton réveil !... »

Mille travaux d'utilité publique
Ont transformé l'aspect de chaque lieu :
Quais, aqueducs, et jardin botanique,
Casernes, ponts et maisons du Bon Dieu.
Palais du juge, écoles — et le reste
Soumis aux lois de ce grand mouvement, —
Tout prend et suit la route que, d'un geste,
Leur a montré un doigt intelligent !

Oui, ma cité, c'est ton réveil qui sonne !
C'est l'heure enfin de relever ton front,
D'y rattacher la nouvelle couronne
Que tes enfants tout fiers te tresseront.
Jadis un lustre éclatant, plein de gloire,
Illuminait ton beau nom vénéré ;
Depuis, on vit se fermer ton histoire —
Qu'il faut reprendre au feuillet délaissé.

Voyez déjà : quelle métamorphose !
O ma cité, qui te reconnaîtrait ? —
Si j'avais foi dans la métempsycose,
Je croirais voir Athène qui renaît :
La noble Athène à l'aspect fantastique,
Avec l'éclat de ses nombreux palais,
Athène enfin la Reine de l'Attique —
Telle on la vit du temps de Périclès !

THÉOPHILE DENIS.

PIÈCES SUR SAINT-PIERRE
DE DOUAI.

Nous croyons faire plaisir à nos souscripteurs en insérant, cette année, dans notre Chronique douaisienne, deux documents assez rares et surtout fort curieux, relatifs à l'église collégiale de St-Pierre. Le premier date de 1734, le second de 1750.

MÉMOIRE

TOUCHANT L'INSIGNE ÉGLISE COLLÉGIALE DE ST-PIERRE DE DOUAY.

Tout le monde sçait que Monseigneur l'Evêque d'Arras vient de faire fermer l'Eglise de S. Pierre de Douay, et d'ordonner qu'on n'y fasse plus les Offices Divins, à raison qu'après plusieurs visites qui en ont été faites par Gens experts, on a reconnu qu'elle menaçoit ruine prochaine, et qu'ainsi il étoit nécessaire de pourvoir au salut d'un Peuple nombreux, qui s'y trouve ordinairement. Comme cette Eglise est au beau milieu de la Ville, et qu'elle est la Mère et Maîtresse de quatre Paroisses, et de toutes les autres Eglises, qui sont dans l'étenduë de son Patronage, le Peuple souhaite ardemment qu'on la rebâtisse le plutôt qu'il sera possible C'est sur quoi il faut attendre des secours de la Providence. Cependant tout le monde parle de cette Eglise, de son Origine, de sa Fondation, de ses Progrès, etc., les uns d'une manière, les autres d'une autre. C'est ce qui a engagé une personne qui prend part aux intérêts de cette Eglise, et qui est bien instruite de ce qui la regarde, d'en donner un mémoire succinct, en attendant qu'elle en donne un plus ample à loisir. Cela contribuera, comme on espère, à en faire parler avec justesse, à écarter diverses erreurs Populaires, et à juger, si elle mérite l'attention et les vœux du Peuple pour son rétablissement

1. On peut considérer l'Eglise de saint Pierre comme Paroissiale et comme Collégiale. Si on la considère dans sa premièrs qualité, elle est un des plus anciens Monumens de la Religion Chrétienne par rapport à la Flandres, puisque son premier établissement étant du septième siècle, auquel temps vivoient S. Amand et S. Autbert Evêques de Cambray et d'Arras, elle fleurissoit en 870, ayant même donné le nom de ville de saint Pierre (*Villa S. Petri*) à la nombreuse colonie Chrétienne qui habitoit en deca du Château de Douay. C'est aussi en 870, que les Frères de *Broile*, aujourd'hui *Merville*, s'étant venus réfugier avec le corps de St. Amé dans ce Château, pour éviter

la fureur des Normands, le Clergé de cette Paroisse alla avec beaucoup de piété et de cérémonie au-devant du précieux dépôt qu'ils apportoient.

2. Bauduin IV. dit *belle Barbe* et sixième Comte de Flandre, ayant fait apparemment réflexion au grand Peuple, dont étoit composée la Paroisse de saint Pierre, et au peu de Clergé qu'il y avoit pour soutenir la piété des Fidèles, crût qu'il falloit illustrer cette Eglise, et y augmenter le culte Divin par un plus grand nombre de Ministres : c'est pourquoi en 1012, il l'érigea en collégiale sous le nom de saint Pierre, du consentement de l'Evêque Diocésain, en lui conservant la qualité de Paroisse, qu'elle avoit auparavant : ainsi cette Collégiale est de fondation Royale à la manière de celles de saint Pierre de Lille, de saint Pierre d'Aire, de S. Pierre de Cassel, et de saint Sauveur d'Harlebecq, qui ont été fondées par des Comtes de Flandres.

Cette Collégiale est composée de treize Chanoines y compris le Prévôt, de nomination du Roy ; le Doyen, le Chantre et l'Ecolâtre, trois dignitez de l'élection du Chapitre ; et de plus deux semi-Prebendez. Les revenus de ces Prebendes ne sont point fort considérables, et les Chanoines de S. Pierre n'ont pas lieu d'avoir des peines de conscience sur l'emploi du superflu. Ce Chapitre, dès son origine, a toujours eu un Prévôt et un Ecolâtre, mais le Doyen n'a été institué que l'an 1207, par Radulphe Evêque d'Arras, et le Chantre comme dignité en 1652, quoi qu'auparavant il y eut une Chantrerie par manière d'Office. Cette dernière dignité a été confirmée par Mgr. Guy de Seve, Evêque d'Arras, en l'an 1675, et par LOUIS XIV, de glorieuse mémoire, en 1681. les Chanoines de saint Pierre n'ont jamais vécut en commun avec même réfectoire et même dortoir, ayant toujours été Chanoines séculiers.

3. Bauduin V, dit *de Lille* et septiéme Comte de Flandres, voulant soutenir et augmenter la Fondation faite par son Père Bauduin *belle Barbe*, écrivit vers l'an 1040, avec sa femme *Adèle*, fille de Robert Roi de France, à Gérard I, Evêque de Cambray et d'Arras, pour engager ce Prélat à faire du bien à la Collégiale de saint Pierre de Douay. C'est ce qu'exécuta Gerard avec bonté, en accordant aux Prévôts et Chanoines de cette Eglise les Dîmes de Douay avec toutes les offrandes de la Paroisse qui lui appartenoient, à condition pourtant que le Prévôt seroit toujours un Ecclésiastique, et que ce Prévôt auroit l'administration de toute l'Eglise : comme aussi la Collation de toutes les Prébendes On trouve dans les Archives de ce Chapitre les Lettres de cette Donation, dans lesquelles Gerard déclare qu'il l'a faite à la recommandation de Bauduin de Lille et de sa femme Adèle.

Le même Evêque, qui mourut l'an 1049, a fondé dans cette Eglise un Obit perpétuel, pour lequel il légua une rente de 24. sols, qui dans ce tems-là étoit une somme assez considérable, puisque la livre d'argent, selon Mr. le Blan dans son Traité des Monnoyes, contenoit 12. onces d'argent fin, dont chacune est aujourd'hui estimée 5. florins. La livre valoit 20. sols. dont chacun faisoit trois florins monnoye de Flandres. Ainsi ces 24 sols portoient 72. florins par an.

4. Robert I. surnommé le *Frison*, dixiéme Comte de Flandre et second fils de Bauduin de Lille, s'étant emparé des états de son neveu, s'érigea en fondateur et bienfaiteur de plusieurs Eglises sous le nom de S. Pierre, à raison de l'insigne victoire, qu'il avoit remportée, près de Cassel, en 1072, le jour de S. Pierre aux Liens. Il donna en particulier à celle de S. Pierre de Douay plusieurs beaux Privileges. Gramaie, Historiographe des Archiducs dit là-dessus, que les Chanoines de S. Pierre de cette Ville ont par concession de Robert de Frise, Comte de Flandres, une Juridiction dans leur enclos, une Foire, une Cour, un Tribunal Feodal, un Echevinage avec un Bailly : *et habent dono Roberti Frisii Comitis Flandrarum Canonici titulo Apostolorum*

Principis fundati, hodieque aliquam habere solent ampliorem hoc tractu jurisdictionem, atrium et in eo forum, anno 1252. Civibus venditum, curiam, et Tribunal Beneficiarium, Scabinagium et Prœtorem.

La foire en question a été venduë, selon Gramaie, à la Communauté de Douay, l'an 1252, c'est sur quoi le Chapitre a un Acte original des plus solemnels et des plus authentiques, ce qui marque que Gramaie étoit bien informé des Privileges de ce Chapitre.

Il faut attribuer au même Prince les autres privileges, dont ce chapitre joüit encore aujourd'hui : sçavoir, l'affranchissement des bannis, la veille et le jour de S Pierre aux Liens ; le droit de cambiage ou de franquet sur toutes les Brasseries de son patronage ; le droit de refuge et de franchise dans tout le contour de son Eglise : privileges dont les violateurs ont été punis quelquefois d'une maniere éclatante. Les Princes fondateurs ou bienfaiteurs des Eglises avoient coutume de joindre dans leurs Actes de donation plusieurs graces ensemble, comme on peut voir dans plusieurs tîtres rapportées par *Mirœus*. Ils commençoient ordinairement par prendre l'Eglise sous leur protection et à lui accorder une pleine liberté, par laquelle ils la soustraioient à la jurisdiction municipale.

Cette Eglise n'est pas seulement respectable par ces beaux privileges ; mais aussi par sa qualité de mere Eglise, dont le nombre des fidels étoit si prodigieux au treiziéme siecle, que pour éviter le danger du salut des ames, auquel deux Curés, qu'il y avoit alors, ne suffisoient pas, les Prévôt, Doyen et Chapitre consentirent, sous l'autorité des Evêques d'Arras, qu'on en tira trois autres Paroisses : sçavoir celle de S Jacques en 1225, celle de S. Nicolas en 1228, et celle de Notre-Dame en 1257. Il est vrai que la derniere a une Bulle de sa dédicace faite par un Pape en 1131, mais il paroit qu'alors elle n'étoit pas encore Paroisse, puisque Messieurs de S. Pierre ont l'Acte original de son institution en qualité de Paroisse en datte de l'an 1257, ces trois Eglises dans ce tems-là n'étoient pas encore dans l'enceinte des murailles de la Ville ; mais dans les Fauxbourgs. Il est bon de remarquer qu'elles ont été instituées sous cette condition expresse, que l'Eglise de S. Pierre n'en souffriroit aucun dommage, qu'elle conserveroit tous les droits qu'elle avoit auparavant, et qu'elle ne seroit obligée à aucune reparation de ces Eglises. On voit par là que le Chapitre de S. Pierre a droit de Patronage sur toute l'étendue des quatre Paroisses de l'Echevinage en deça de la Scarpe, et sur toutes les Eglises qui y sont renfermées.

5. Robert II, dit de *Jerusalem*, onziéme Comte de Flandres, fils de Robert de *Frise*, commença à bâtir le Chœur de saint Pierre l'an 1105.

6. Bauduin VII, dit, la *Hache*, fils de Robert deuxiéme et douxiéme Comte de Flandres acheva, en 1112, l'ouvrage que son pere avoit commencé, et y transfera les Chanoines, qui auparavant étoient au bas de l'Eglise.

7. Robert Evêque d'Arras, en 1117, donna au Chapitre de saint Pierre la partie des Dîmes des paroisses de Sin et de Marque en Ostrevant, qui lui appartenoient, et même tems lui accorda le droit de presentation à ces deux Cures. Une autre partie considerable de ces Dîmes appartient à Messieurs d'Hasnon.

8. Le même Robert leur donna en 1125 l'Autel de sainte Rictrude à Wasier avec la partie de Dîmes qui en dependoit et le Patronat de cette paroisse. Le Chapitre a acquis dans la suite des autres parties de ces Dîmes.

9 Alexandre III, Souverain Pontife, confirma la donation de tous ces biens par une Bulle de l'an 1163, signée de 14. Cardinaux, et adressée au Prevôt Hugues et aux Chanoines de saint Pierre, prenant leur Eglise sous sa protection.

10. Philippe d'Alsase, premier de ce nom et seiziéme Comte de Flandres

donna, en 1177, à l'Eglise de saint Pierre, une somme pour le pain et vin necessaires à la messe Ce même Prince, avec Mathide son épouse, legua à la même Eglise un marc pour un obit. Le marc étoit la moitié d'un livre d'argent, dont on a rapporté la valeur ci-dessus.

11. Frumaldus, Evêque d'Arras, qui mourut l'an 1183, fonda un obit dans la même Eglise.

12. Clement, Pape III du nom, confirma de rechef tous les biens de cette Collegiale, et la prit sous sa protection par une Bulle signée de neuf Cardinaux, qu'il adresse aux Prévôt et Chanoines de saint Pierre en l an 1189.

13. Desiderius, Prevôt de saint Pierre de Lille, et ensuite Evêque de Terroüanne, mort en 1194, fonda un obit dans la même Eglise, laissant pour cet effet un freton qui étoit la quatriéme partie d'un marc.

14. Jean II, Evêque de Cambray en 1196, y fonda aussi un obit, ayant legué un marc.

15. Un Prévôt de la Ville de Douay nommé Robert, et avec lui trois Echevins de la même Ville leguerent à la même Eglise des biens suffisans pour l'entretien de six grands Vicaires Prêtres, afin d'aider les Chanoines dans le chant des heures Canoniales. Les revenus de ces biens se distribuoient annuellement par le Chapitre en maniere de gage, suivant les lettres de Pierre, Evêque d'Arras, de l'an 1196, confirmees par le Pape Celestin III, l'année suivante. Il confie par ces Lettres que la fóndation de ces Vicaires, étoit encore d'une datte beaucoup plus ancienne.

16. Hugues, Prévôt de saint Pierre, mort en l'an 1196, a donné à ce Chapitre le tiers de la Dîme de Montigny et de le Warde, auquel le Patronat des Cures de ces deux Paroisses étoit attaché. Il a fondé aussi un obit perpetuel, ayant legué à ce sujet vingt rasieres de bled et vingt rasieres d'avoine, à prendre sur la Dîme ci-dessus énoncée.

17 Innocent III, Souverain Pontife, confirma aussi tous les biens presens et futurs des Chanoines de saint Pierre, les prenant tous sons sa protection par une Bulle de l'an 1203.

18. Radulfe, Evêque d'Arras confirma. en 1217, la restitution d'une petite Dîme que le Chapitre possede au Village de Lalaing.

19. Jean III. Evêque de Cambray, qui mourut en 1219, fonda un obit dans la même Eglise.

20. Hellin de Wavrin, Seigneur de Wasiers, donna en 1229, au même Chapitre, une partie considerable des Dîmes de ce village, sur laquelle il fonda une Chapelle foraine, chargeant les Chanoines de fournir au titulaire de cette Chapelle trente rasieres de bled et trente d'avoine par an.

21 Pontius, Evêque d Arras, en 1231, fonda aussi un obit dans cette Eglise.

22. Le Chapitre de S. Pierre, en 1246, acheta une grande partie des Dîmes de Wasiers six cent vingt livres, d'un certain Gerard Chevalier, et homme de Fief de Hellin de Wavrin. Cette vente fut confirmée la même année par Marguerite Comtesse de Flandre.

23. Le Chapitre de S. Pierre en 1250, permit à une veuve et à son fils habitants de Douay, de bâtir une Chapelle qu'on appelle de S. Nicaise dans la rüe dite *limes*, aujourd'hui du mont de Pieté, pour y celebrer les Offices divins. A condition que cette Chapelle seroit dans la dependance du Chapitre, comme celles de S. Éloy, de Ste. Catherine située au Chatel Bourgeois, près du Pont à l Herbe, et de S. Jean, dans la rüe au Cerf. Ce qui fut confirmé la même année par l'Evêque d'Arras. La Chapelle de Notre-Dame des Wetz, qui étoit située sous la porte de la Ville, fut érigée vers le milieu du 13ᵉ siecle. Elle fut renfermée de murailles l'an 1412, comme elle est aujourd'hui, du consentement du Chapitre. Plusieurs Cardinaux, au nombre de douze, accorderent en 1512, des Indulgences pour tous ceux qui la visiteroient devotement.

24. Gui de Dampierre vingt-uniéme Comte de Flandres en 1293, confirma le Privilege qu'a le Chapitre de S. Pierre, d'affranchir les bannis la veille et le jour de S. Pierre aux liens. Ce même Privilege fut encore confirmé en 1347, par le Gouverneur de Douay, en vertu d'un mandement de Philippe Roy de France. Les échevins de Douay, en 1409 et 1426, reconnurent le même droit, après avoir eu inspection des lettres sur lesquelles il étoit fondé. Il y a encore là-dessus deux Sentences du Gouverneur ou Juge Royal de la Ville, en 1427 et 1491, et depuis lors le Chapitre est resté en paisible possession de ce Privilège.

25. Louis II, dit *de mâle*, vingt-quatrième Comte de Flandres en 1370. Philippe, Fils de Roy de France, Duc de Bourgogne, et vingt-cinquième Comte de Flandre en 1384, et Charle le Hardi, duc de Bourgogne, vingt-huitième Comte de Flandres en 1468, ont accordé aux Prévôt et Chanoines de S. Pierre des lettres de sauvegarde, par lesquelles ils prennent leur Eglise, leurs maisons et autres biens sous leur protection spéciale, déclarant que cette Eglise a été fondée, dotée et amortie par leurs prédecesseurs.

26. Messieurs les Echevins de Douay, ayant voulu disputer au Chapitre de S. Pierre un droit de menuë dîme, dont il jouissoit dans la Ville et Echevinage, il s'eleva là dessus un gros Procès au Parlement de Paris, où les Echevins ayant été condamnés en 1469, ils se trouverent obligés d'acheter et faire amortir la dîme d'Angre en Artois, pour la transmettre à Messieurs de S. Pierre en lieu et place de la dîme contestée.

27. Les Messieurs de S. Pierre, en 1574, furent maintenus par une Sentence extenduë de la Gouvernance dans la dîme de Sang, dont ils jouissoient dans la Ville et Echevinage de Douay, dîme qu'on appeloit autelage, parce qu'elle étoit attachée à l'Autel de S Pierre.

28. Après avoir donné une idée succincte de ce qui regarde proprement et directement le Chapitre de S. Pierre, il est aussi à propos de faire connoître, au moins en gros, ce qui regarde l'institution et le nombre des Chapelles fondées et attachées à cette Eglise

On trouve en 1175, la Chapelle des Chartriers, fondée par une Dame appelée Alguze du Markiel, qui auparavant avoit fondé le célèbre Hopital du même nom, à qui elle voulut donner pour Curé le possesseur de cette Chapelle. On trouve aussi au même siècle les deux Chapelles dites de *requiem*, quoique celles-ci paroissent être d'une datte encore plus ancienne, ayant été fondées par Robert, Prévôt de Douay, dont on a parlé ci-dessus, et par son Fils.

On voit encore par les Archives et Cartulaires de S. Pierre, qu'en 1270, il y avoit dans cette Eglise trente Chapellains faisans Communauté subordonnée au Chapitre, et ayant des biens particuliers, dont ils rendoient compte tous les ans pardevant le même Chapitre

Le nombre des Chapelains s'est tellement accru dans la suite, qu'en 1362, on y trouve 60. Chapelles Choriales, et vingt et une Foraines, dont vingt-deux des Choriales furent réduites la même année par Gerard, Evêque d'Arras, à onze, à cause de la modicité de leurs revenus qui consistoient en livres parisis, marcs, fretons et sols Douysiens.

On voit qu'en 1370, il restoit encore quarante Chapelles choriales avec les mêmes foraines, qui sont toutes rapportées dans un grand Cartulaire de ce tems là ; mais dans la suite et à plusieurs fois, il s'est encore fait une réduction des Choriales pour la même raison qu'on a alléguée ci-dessus : de manière qu'aujourd'hui il n'en reste plus qu'une trentaine, dont même il seroit convenable d'en faire encore une réduction pour donner aux Chapelains une subsistance raisonnable.

Le Chapitre de S. Pierre avant le Concile de Constance conferoit toutes ces

Chapelles vacantes en tout mois ; suivant la disposition expresse et bien marquée dans les titres originaux des Fondateurs. Mais les Ducs de Bourgogne Comtes de Flandres, ayant bien voulu depuis le Concile de Constance avoir de la complaisance pour l'usage de huit mois en faveur du Pape, et de quatre pour les Collateurs ordinaires, le Chapitre de S. Pierre de Douay s'est conformé au même usage, tant pour les Prébendes Canoniales que pour les Chapelles, comme ont fait aussi les Eglises de S. Pierre de Lille, de Saint Piat de Seclin, et même de Saint Amé de Douay pour un tems, etc.

La Fondation de la Chapelle de la Magdelaine, dans le cimetière de saint Pierre, est trop mémorable pour l'oublier ici. Un certain Pierre Honoric, Panetier de Roy de France, ayant demandé avec sa femme, en 1248, au Chapitre de cette Eglise, un terrein dans son enclos pour y bâtir cette Chapelle avec des Maisons, où demeureroient les Chapelains qu'il destinoit à y faire l'Office Divin et célébrer la Messe, et qui seroient néanmoins obligez d'assister aux Offices du Chœur de Saint Pierre, autant qu'il seroit possible, le Chapitre lui accorda cette grace, dont il profita pour exécuter son dessein la même année. Il y a là-dessus dans les Archives de Saint Pierre quatre titres originaux. D'où il résulte que cette Chapelle ayant été bâtie avec la permission des Prévôt, Doyen et Chapitre de Saint Pierre, il est impossible qu'elle soit la plus ancienne Eglise de Douay et que les Chanoines de S. Pierre en tirent leur origine, comme s'ils étoient passez de là dans leur Eglise, pour s'ériger en Chapitre. C'est pourtant là une erreur grossiere dont le Peuple de Douay est prévenu depuis long-tems. La vérité est que l'Eglise Collégiale de S. Pierre a été fondée plus de deux siecles avant cette Chapelle, et que la même Eglise comme Paroissiale la précede de plus de quatre cens ans, ayant été établie dans le septiéme siecle, comme on a dit au commencement.

29. Cette Eglise a une Tour magnifique, qui ayant été commencée en 1514, après la démolition de la vieille, ne fut achevée de la maniere que nous la voyons aujourd'hui qu'en 1686. Ce qui fait voir qu'il y a eu plusieurs et longues interruptions du travail. La libéralité et le zele du Peuple a beaucoup contribué à entreprendre et à achever un si grand ouvrage. On y a employé aussi plusieurs Lotteries qui n'ont pas produit grand avantage, les Lotteries n'étant pas apparemment du goût des Flamands. Enfin on en est venu à bout par les secours qu'on s'est procuré avec beaucoup de patience et de constance pendant près de deux siecles. La sonnerie de S. Pierre est des plus belles et des plus harmonieuses de la Flandre. Des gens mal intentionnés ont fait accroire au peuple de Douay que les Chanoines de cette Eglise tiroient des grands profits de leur sonnerie, sur quoi on a dû entendre quelquefois des plaintes ridicules : mais on avertit le public, (et les Marguilliers en sont de bons témoins) que le Chapitre de S. Pierre ne profite pas d'un seul cbole de toute la sonnerie qui s'y fait, et que tout ce qui en revient, est employé aux réparations nécessaires de l'Eglise.

30. La Chapelle de Notre-Dame de Miracles, ainsi appelée à cause du grand nombre des Miracles operés en 1532 et après, par l'intercession de la Sainte Vierge, qu'on invoquoit dans ce lieu-là, a été bâtie vers ce tems-là par la libéralité du Peuple : mais n'ayant pas été bâtie assez solidement, elle menaça ruine peu à peu ; elle fut enfin rétablie par les bienfaits de Jacques Taines, Prêtre natif de Douay, en 1644.

On joint un autre Monument de la piété d'un Bourgeois de Douai nommé André Vaillant, dont le zele et la dévotion envers S. Joseph allèrent si loin qu'il legua près de 5000 florins pour bâtir une Chapelle à l'honneur de ce Saint. Cet ouvrage fut commencé l'an 1650 et achevé peu de tems après.

31. Les Archiducs Albert et Isabelle firent aussi connoître à la maniere

des anciens comtes de Flandres et des Ducs de Bourgogne leur Prédécesseurs, combien ils considéroient l'Eglise Collégiale de Saint Pierre de Douay : Ils prononcerent par un Arrêt en 1607, que l'Université de la même Ville ne pourroit faire aucune exécution réelle à l'égard de ses propres Suppôts, qui demeureroient dans le district de S Pierre, sans demander le *Pareatis* du Chapitre ; ce qui rend cette Eglise d'autant plus respectable.

32. On peut ajouter à tout ce qu'on vient de dire, que l'Eglise de Saint Pierre est ornée de quantité de belle chasse où sont renfermées des précieuses Reliques des Saints : Que sa Sacristie est bien fournie de tout ce qui est nécessaire et convenable pour célebrer les Offices Divins avec décence, et même avec magnificence : Que malgré son peu de revenu elle entretient une assez belle Musique, qui ne cede pas à celle de plusieurs autres Collégiales qui sont riches.

Il ne faut pas s'étonner aprés tout ce qu'on vient de dire, qu'on ait choisi l'Eglise Collégiale de S. Pierre, pour y faire toutes les cérémonies publiques, ausquelles assistent le Parlement, l'Université, l'Etat Major, la Gouvernance et le Magistrat de la Ville : pour y chanter le Te Deum, à cause des Victoires et des Naissances des Princes : pour y faire les Obseques des Rois et des Reines, etc.

C'est aussi dans cette Eglise, comme étant la principale, que les anciens Comtes de Flandres, dans leur entrée joyeuse à Douay, vinrent d'abord faire leurs devotions, avant que de prendre le serment de fidélité du Magistrat à l'Hôtel de Ville et de faire réciproquement le leur pour la conservation des Privileges de la ville.

C'est ce que nous voyous dans l'entrée joyeuse de Jean, Duc de Bourgogne et Comte de Flandres à l'an 1405.

Dans celle de Philippe à l'an 1421.

Dans celle de Charles à l'an 1472.

Dans celle de l'Archiduc Maximilien à l'an 1477.

Dans celle de Philippe fils de Maximilien à l'an 1499.

Dans celle de Charles-Quint Empereur à l'an 1516.

Dans celle de Philippe fils de Charles-Quint à l'an 1549.

Dans celle des Archiducs Albert et Isabel à l'an 1600, sans qu'il y ait eu aucune interruption de la part de ces Princes depuis Jean, Duc de Bourgogne, jusqu'aux Archiducs.

Ce Mémoire fait voir que les Souverains Pontifes, que nos Rois, que les anciens Comtes de Flandres, et les Ducs de Bourgogne leurs Successeurs, que les Evêques et les fidels, depuis l'établissement de la Collégiale de Saint Pierre de Douay, ont tous concouru à la soutenir, la proteger et l'embellir, que les Evêques d'Arras en particulier l'ont toujours soutenu en Peres, qu'ils l'ont comblé de bienfaits, qu'ils l'ont regardé comme une fille unique qu'ils avoient en Flandres, et que dans les besoins ils ont toujours accouru à son secours. Aussi Messieurs de Saint Pierre n'ont jamais songé à demander au saint Siége des lettres d'immediation, qu'ils eussent pû obtenir comme bien d'autres Chapitres, dans des tems où on les accordoit avec la derniere facilité, et principalement pendant le grand Schisme d'Occident. Ils ont toujours été infiniment contents de leurs Evêques, et ont preferé leur agréable joug à une vaine immediation. Ils ont déjà ressenti en plusieurs occasions les effets de l'inclination bienfaisante du très-illustre Prélat qui remplit aujourd'hui le Siége d'Arras avec tant de sagesse et de dignité, et ils ont une véritable confiance, qu'à l'exemple de ses Prédécesseurs il voudra bien employer ses bons Offices pour leur procurer les puissans secours dont ils ont besoin dans les facheuses circonstances où ils se trouvent aujourd'hui.

Le rétablissement d'une ancienne Eglise Collégiale et Paroissiale dans le centre d'une grande Ville est une entreprise digne des plus grands Cœurs ; ceux qui aiment la Religion et l'Estat doivent, semble-t'il, y prendre quelque part ; aussi l'illustre Gouverneur que le Roy nous a donné et qui a l'honneur d'être allié de Sa Majesté a déjà fait connoître son bon cœur à cet égard ; le grand Magistrat que le Roy a mis à la tête de cette Province a fait aussi éclater ses dispositions favorables pour le même dessein. L'Auguste Parlement qui réside dans cette Ville et qui aime la Religion autant que la Justice ne manquera pas de concourir à une fin si relevée On ne peut pas même douter que le Magistrat de Douay ne fasse aussi parottre son zèle bienfaisant dans une affaire si intéressante pour la Ville. Ainsi il y a lieu d'espérer que les bons Offices que Monseigneur l'Evêque d'Arras voudra bien employer et qu'il a déjà employés par ses Vicaires généraux pour le rétablissement de l'Eglise Collégiale de S Pierre de Douay ne seront pas sans succès.

On croit d'avoir mis le Lecteur en état de parler de l'Eglise Collégiale de Saint Pierre avec plus de certitude et de justesse, de rejetter les erreurs grossieres qu'on a répandues là-dessus, et de juger si cette Eglise merite l'attention, les secours, et les vœux favorables du Public.

LA SOLÉMNITE ET CEREMONIE

DE LA

BENEDICTION DE L'INSIGNE EGLISE COLLEGIALE ET PAROISSIALE DE SAINT-PIERRE A DOUAY.

DIMANCHE 26 Juillet 1750, six beures du matin, se fera la Bénédiction de ladite Eglise par Messire EDOUARD-LOUIS GOULIART DE LA FEUILLIE, Prévôt de la même Fglise, Vicaire Général de Monseigneur l'Illustrissime et Réverendissime Evêque d'Arras, Conseiller au Parlement de Flandres, Docteur de la Sacrée Faculté de Théologie de Paris, etc.

Après avoir fait retirer tout le monde de la nouvelle Eglise, ledit Sieur Prévôt avec le Clergé du Chapitre pour commencer la Cérémonie se rendra à la Porte principale et fera processionnellement le tour de l'Eglise pour l'aspersion extérieure des murailles, tandis que le Clergé qui l'accompagnera chantera les Psaumes et les Prières prescrites par les Rits de l'Eglise pour cette Solemnité.

La même Procession et les mêmes Cérémonies se feront en-dedans pour l'aspersion intérieure des murailles, après lesquelles on procédera à la Bénédiction du Tabernacle ; la Bénédiction finie, le Clergé ira prendre le Saint SACREMENT à la Chapelle des Huit-Prêtres (qui tenoit lieu de l'Eglise Collégiale et Paroissiale) pour être porté processionnellement par les principales rues de la Ville : Sçavoir, par les rues de St. Christophe, de Beilain, la Grand'Place, de la Halle, Marché aux Poissons, rue du Palais, vieux Gouvernement, des Weiz, des Malvaux, du Séminaire de la Torre, de St. Jacques, de Jean de Gouy et des blancs Mouchons : on reviendra ensuite à la nouvelle Eglise pour y remettre le Saint SACREMENT, qui sera exposé pendant la journée à l'adoration du Peuple.

ORDRE DE LA PROCESSION.

Messieurs les Écoliers Humanistes et Philosophes arrangés en bel ordre sur deux lignes, portant un flambeau, marcheront à la tête de cette auguste Procession au milieu desquels paroîtront les Guidons et les Etendarts déployés de chaque Classe : les Sodalistes des deux Congrégations brillantes et nombreuses suivront immédiatement lesdits Ecoliers avec leurs Guidons, portant aussi un flambeau.

Ensuite paroîtront les Ordres Religieux sur la même ligne et dans le même ordre, qui seront suivis des Théologiene Séminaristes en surplis, de Messieurs les Marguillers et des plus Notables de la Ville avec flambeaux.

Le Clergé des deux Chapitres de la Ville, qui est très-nombreux, accompagné de Messieurs les Curés du Patronat de ladite Eglise revêtus de Chapes magnifiques, suivra immédiatement : on verra dans le centre une grande quantité d'enfans habillés en Anges magnifiquement, les uns destinés à faire les encensemens de distance en distance, les autres à porter des Corbeilles de fleurs pour en parsemer les ruës, les autres à porter des Symboles qui auront rapport à la Solemnité : Le Prévôt portera le S. SACREMENT, accompagné des assistans sous un Dais riche et superbe.

Les Corps de la célebre Université de cette Ville ornés des marques qui les distinguent, suivront le S SACREMENT, ensuite Messieurs du Siege Roïal de la Gouvernance, Messieurs du Magistrat avec les quatre Compagnies Bourgeoises revêtuës de leur riche uniforme, fermeront la Procession avec flambeaux.

On verra dans différentes ruës jonchées de verdures et ornées de Tapisseries, plusieurs Reposoirs aussi beaux par la verdure et la variete des arbrisseaux choisis, que brillans par leur richesse et leur magnificence, entre lesquels celui de la Grand'Place fera l'admiration de tout le Public par sa grandeur, étant élevé sur un Théatre de quinze marches de hauteur, de quarante pieds de largeur, et de trente de profondeur.

Cette Fête sera annoncée la veille par plusieurs salves de Boëtes et par une sonnerie harmonieuse des Cloches de toutes les Eglises et Couvens du Patronat.

La Solemnité se célebrera pendant huit jours : la Cérémonie de chaque jour commencera par une Procession avec Translation de différentes Reliques ; on chantera la Grande Messe à huit heures, les Vêpres à deux heures, le tout en Musique, suivi de la Prédication et de la Bénédiction du Très-Saint SACREMENT.

Dimanche, premier jour de l'Octave, après la Procession, l'Office se fera matin et soir par mondit S'. Gouliart de la Feuillie : Le R. P. Ildefonse Verriez de Douay, Capucin, Prédicateur Stationnaire de ladite Eglise, y prêchera après les Vêpres qui se chanteront à quatre heures.

Le Lundi, deuxiéme jour de l'Octave, la Translation de la Chaire et Bustes de St. Pierre et de St. Paul Patrons de cette Eglise. Après la Procession, l'Office se fera matin et soir par Monsieur Delannoy Doyen, Docteur en Théologie et Censeur Royal. Le R. P. de Clerfay, Dominicain, y prêchera.

Le Mardi, troisiéme jour de l'Octave, la Translation des Bustes de la Ste. Vierge et de St. Joseph. Après la Procession, l'Office se fera matin et soir par Monsieur Becquet Chantre, Licentié ès Loix, Président du Séminaire des six Prêtres. Le R. P. Jerôme de Ste. Dorothée, Carme déchaussé, y prêchera.

Le Mercredi, quatriéme jour de l'Octave, la Translation des Bustes et Reliques de St. Eloy et de St. Blaise. Après la Procession, l'Office se fera matin et soir par M. Taffin Ecolâtre, Licentié ès Loix. Le R. P. Philibert Bernard Augustin Régent d'Etude, y prêchera.

Le Jeudi, cinquiéme jour de l'Octave, la Translation d'une partie de la vraie Croix et d'une Epine de la Couronne de NOTRE-SEIGNEUR, et du Buste de L'ENFANT *JESUS*. Après la Procession, l'Office se fera matin et soir par Monsieur Doutart Chanoine, Licentié en Théologie, Professeur Royal de la Langue Grecque. Le R. P. Calixte Mille Prédicateur Stationnaire Recolet Wallon, y prêchera.

Vendredi, sixiéme jour de l'Octave, la Translation du Buste et des Reliques de St LAURENT. Après la Procession, l'Office se fera matin et soir par Monsieur Pharazin Chanoine. Monsieur Durand Bachelier formé en Théologie, Professeur de Dialectique au College du Roi, y prêchera.

Samedi, septiéme jour de l'Octave, la Translation des Bustes et des Reliques de St. MAURICE, Chef de la Légion des Thebéens, de Ste. JULIENNE, de Ste. MARGUERITTE et de Ste URSULE. Après la Procession, l'Office se fera matin et soir par M. Audent Chanoine, Licentié en Théologie et Président du Séminaire de Tournay. Le R. P. Honoré de St Damascene, Carme chaussé, Stationaire de la Collégiale de St. Piat à Seclin, prêchera après les Vêpres, qui ne se chanteront qu'à six heures, à cause de la Fête de St. Pierre aux Liens.

Le Dimanche, dernier jour de l'Octave, il y aura encore une Procession solemnelle à laquelle assisteront les mêmes Corps Ordres et Religieux etc. on y transportera l'Image de la très-Sainte VIERGE MARIE, connue sous le nom de *Notre-Dame de Miracles*, à cause des prodiges opérés par son intercession dans ladite Eglise au quinziéme et au seiziéme siecle L'Office sera fait par Messieurs du Chapitre de l'Insigne Eglise Collégiale de St. Amé; la Prédication se fera par le Reverend Pere Jean Commart de la Compagnie de Jésus, Prédicateur du College : on chantera ensuite le *Te Deum*, de même que le premier jour de l'Octave, suivi de la Bénédiction du très-Saint SACREMENT.

Le zele que le Peuple a témoigné pour le rétablissement de cette Eglise, ne laisse aucun lieu de douter qu'un grand concours de personnes n'y assistera avec cierges et flambeaux, et ne s'empressera de décorer les Maisons et les ruës dans lesquelles les différentes Processions passeront, pour contribuer à la solemnité de cette grande Fête.

Le Lundi 3 Aout, lendemain de l'Octave, on célébrera à onze heures un Obit solennel pour tous les Bienfaiteurs de cette Eglise.

On donnera au Public un Détail plus ample de cette Solemnité, avec un Abregé de ladite Eglise, où seront rapportés les Symboles et Emblêmes dont est fait mention ci-dessus.

Lille, Imp. de Horemans.